MIXUL DE MARKETING

Stăpâniți cei 4 P ai marketingului

50MINUTES.com

MIXUL DE MARKETING

Stăpâniți cei 4 P ai marketingului

scris de Morgane Kubicki
tradus de Alina Dobre

MIXUL DE MARKETING

INFORMAȚII CHEIE

- **Denumiri: mix** de marketing, marketing-mix, politica mixului de marketing.

- **Utilizări**: mixul de marketing este un instrument de bază pentru deciziile de marketing.

- **De ce are succes?** Modelul sintetizează toate instrumentele de care dispun comercianții pentru luarea deciziilor.

- **Cuvinte cheie:** produs, preț, loc, promovare, piață țintă.

INTRODUCERE

Istorie

Termenul "mix de marketing" a apărut pentru prima dată în articolul intitulat "The Concept of the Marketing Mix" (1948), scris de teoreticianul Neil H. Borden (1895-1980), profesor de marketing și publicitate la Harvard Business School. El însuși a declarat că a fost inspirat de cercetările lui James W. Culliton (1912-2004), care a descris rolul managerilor de marketing ca fiind "amestecători de ingrediente" și a propus în această etapă o listă de douăsprezece elemente ale mixului de marketing industrial. În 1960, profesorul Jerome

McCarthy (născut în 1928) a dezvoltat teoria lui Borden și a păstrat patru puncte principale, și anume cei 4 P (produs, preț, loc și promovare) în cartea sa *Basic Marketing: A Managerial Approach (O abordare managerială)*. Caracterul mnemotehnic al acestei abordări a contribuit la succesul său și este utilizat pe scară largă de către specialiștii în marketing. Mixul de marketing și cei 4 P ai marketingului sunt adesea utilizați pentru a exprima aceeași idee, deși nu sunt cu adevărat sinonime. Mixul de marketing este un concept care descrie etapele și alegerile pe care companiile sau mărcile trebuie să le facă pe parcursul procesului de intrare pe o piață cu un produs sau un serviciu; în timp ce modelul celor 4 P este probabil cel mai cunoscut mod de a defini mixul de marketing.

Definirea modelului

Mixul de marketing este un concept de marketing care include toate instrumentele de care dispun agenții de marketing pentru a dezvolta acțiuni eficiente și pentru a-și atinge obiectivele de penetrare a vânzărilor pe o piață țintă.

TEORIE

OBIECTIVELE MODELULUI

Mixul de marketing include toate deciziile şi acţiunile de marketing luate pentru a asigura succesul unui produs, serviciu sau marcă pe piaţa sa.

Primul pas decisiv în procesul de marketing: analiza pieţei. Odată ce aceasta este realizată, modelul celor 4 P poate fi folosit ca un bun instrument de luare a deciziilor pentru specialiştii în marketing. De fapt, pe lângă faptul că acoperă toate elementele asupra cărora se pot concentra marketerii, modelul este uşor de utilizat. De asemenea, numele său distinctiv a contribuit, fără îndoială, la succesul său. Acest sistem de clasificare este unul dintre cele mai utilizate în mixul de marketing, atât în manualele şcolare, cât şi în viaţa reală.

În sens mai larg, modelul mixului de marketing poate fi utilizat pentru a ajuta la luarea deciziilor în contextul unei noi oferte pe piaţă, precum şi pentru a testa o strategie de marketing existentă.

CONTEXT ŞI TEORETICIENI

Mixul de marketing a apărut într-un moment în care s-a observat o creştere semnificativă a consumului. În timpul boom-ului postbelic (perioada de creştere economică puternică dintre sfârşitul celui de-al Doilea Război

Mondial și prima criză a petrolului, înregistrată în majoritatea țărilor dezvoltate în perioada 1946-1973), a avut loc o explozie a consumului de masă. Înainte de această perioadă, marketingul era folosit pur și simplu pentru a înțelege preferințele și comportamentul consumatorului; odată cu apariția mixului de marketing, a fost posibilă obținerea unei viziuni de ansamblu asupra plasării unui anumit produs pe piață. Deși această teorie este atribuită lui McCarthy, care a identificat cei 4 P, el s-a inspirat de fapt din lista întocmită de Neil Borden în "The Concept of the Marketing Mix". De asemenea, profesorul recunoaște el însuși că a fost influențat de cercetările partenerului său, James Culliton, care a descris rolul managerilor de marketing și al "mixerilor de ingrediente". Mai târziu, Philip Kotler (născut în 1931), părintele marketingului modern, a preluat conceptul celor 4 Ps și a oferit o versiune actualizată în cea mai cunoscută carte a sa, intitulată *Marketing Management* (în colaborare cu Kevin Deller, Delphine Manceau și Bernard Dubois).

Autorii nu au fost toți de acord cu privire la natura elementelor mixului de marketing. Neil Borden vorbea de "proceduri", dar astăzi se preferă termenii "parametri", "instrumente" sau "instrumente".

Lista originală a lui Neil Borden conținea 12 elemente ale mixului de marketing de care ar trebui să țină cont comerciantul:

• produs

• preț

- branding

- canale de distribuție

- vânzarea personală (față în față)

- publicitate

- promoții

- ambalare

- afișează

- service

- manipulare fizică

- constatarea și analiza faptelor.

Între timp, McCarthy sugerează gruparea acestor variabile în patru categorii, sau patru pârghii de acțiune:

- produs

- preț

- loc

- promovare.

În realitate, aceste liste, fie că sunt compuse din douăsprezece sau patru elemente, includ toate instrumentele de care dispune o companie pentru a-și influența vânzările. Cu toate acestea, această teorie nu are nicio dovadă concretă și nu asigură în niciun caz o eficiență de 100% în procesul decizional. Calitatea strategiei de marketing puse în aplicare constă în relevanța și coerența dintre cele patru elemente care alcătuiesc teoria mixului de marketing. Într-un anumit sens, aceasta poate fi rezumată astfel: produsul potrivit, la locul potrivit, la prețul potrivit, la momentul potrivit. Pentru a face acest lucru, este necesar să:

- să creeze un produs sau un serviciu pe care un anumit grup de persoane îl dorește;

- vindeți-o într-un loc vizitat cu regularitate de aceste persoane;

- să o comercializeze la un preț care să corespundă așteptărilor clienților;

- să fie disponibilă atunci când acești clienți o doresc.

Această abordare este adecvată, dar nu trebuie să neglijăm volumul semnificativ de muncă necesar pentru a colecta toate datele necesare, cum ar fi nevoile, așteptările și comportamentul clienților. Este încă necesar să se determine cum să se producă bunul sau serviciul, la ce preț și când ar trebui să fie comercializat pentru a optimiza vânzările. Această idee necesită o cunoaștere detaliată a pieței-țintă, care este, de asemenea, necesară. Aici intră în joc analiza de piață.

COMPONENTELE MODELULUI

Politica de produs

Un "produs" este o ofertă care răspunde unei nevoi de pe o piață. Cu alte cuvinte, un produs poate fi un obiect fizic sau un serviciu introdus pe piață pentru a satisface dorința sau nevoia după cumpărare și utilizare sau consum. Politica de produs se referă, prin urmare, la alegerea caracteristicilor pentru bunurile sau serviciile oferite de întreprindere, cu alte cuvinte, natura, calitatea, dimensiunea, designul etc. De asemenea, ea poate include decizii privind marca, ambalajul, eticheta sau gama de produse.

Politica de stabilire a prețurilor

Prețul este suma de bani pe care consumatorul trebuie să o cheltuiască pentru a achiziționa produsul. Politica de stabilire a prețurilor include conceptele de:

- preț fix, adică prețul oferit în magazine

- reduceri

- condiții de plată

- condiții de preluare

- condiţiile de creditare.

Aceasta pune în discuţie procesul de stabilire a preţului unui produs sau de fixare a preţurilor în cadrul unui interval. Politica de stabilire a preţurilor nu este fixă şi se poate schimba în funcţie de promoţii sau în funcţie de ciclul de viață al produsului. Ea trebuie să ţină cont de o serie de constrângeri şi variabile, atât în rândul producătorilor, cât şi al consumatorilor: preţul de cost, imaginea produsului, costurile de distribuţie, elasticitatea preţului (adică impactul unei modificări de preţ asupra cererii consumatorilor), condiţiile de concurenţă (monopol, oligopol, concurenţă etc.).

Politica de distribuție

P de "loc" corespunde politicii de distribuție.

Aceasta presupune:

- canale de distribuție

- rețele de distribuție

- sortiment

- locații

- disponibilitate

- transport

- logistică.

Întreprinderea are obligația de a stabili și de a menține rețeaua de distribuție și, de asemenea, de a alege punctele de vânzare (magazinele proprii sau distribuitorii) care vor fi responsabile de prezentarea produsului, de asigurarea disponibilității acestuia la raft, de oferirea de promoții sau de oferirea de consiliere clienților.

Politica de comunicare

Al patrulea P, "promovare", implică comunicarea.

Politica de comunicare include în principal:

- publicitate

- marketingul direct sau marketingul în puncte de vânzare

- relaţii publice

- sponsorizare.

În mod paradoxal, aceasta poate, într-o anumită măsură, să influenţeze preţul (prime, cupoane sau oferte speciale cu durată limitată, de exemplu), dar rămâne un act de comunicare şi nu o politică de preţuri.

Interdependenţa acestor politici

Echipa de marketing trebuie să se asigure că aceste decizii sunt luate ţinând cont de intermediarii de distribuţie şi de clienţii finali, în timp ce managerul de marketing este responsabil de înţelegerea nevoilor şi aşteptărilor clienţilor şi de furnizarea unei oferte sau soluţii. El informează clienţii şi alege un preţ care să fie în concordanţă cu valoarea percepută de aceştia din urmă a produsului. El trebuie apoi să stabilească punctele de vânzare cu amănuntul în care să distribuie produsul.

În cazul celor patru politici, fiecare decizie trebuie să fie luată ţinând cont de consumatorii ţintă şi de poziţionarea pe care compania a ales să o adopte. În plus, trebuie luate în considerare şi alte domenii, deoarece dacă aceste decizii sunt luate separat, ele nu prezintă niciun interes. De fapt, punctul forte al mixului de marketing este combinarea tuturor elementelor aflate la dispoziţia marketerilor.

Relația dintre preț și produs este esențială, dar nu cea mai importantă. Toate elementele mixului de marketing au o influență asupra celorlalte. De exemplu, stabilirea prețului trebuie să țină cont de multe variabile, inclusiv de ceilalți P, și anume marca, distribuția și rețeaua de comunicare. Promovarea sau distribuția pot influența, de asemenea, prețul de vânzare. În 1979, Paul Farris și David Reibstein au examinat relațiile dintre variabile pentru a determina influența acestora. Astfel, o marcă de calitate standard, cu o susținere publicitară puternică, poate crește cu ușurință prețul produselor sale. Distribuția are, de asemenea, o influență fundamentală asupra politicii de prețuri. De exemplu, o companie nu-și poate stabili prețurile fără să știe dacă produsul va fi distribuit direct de către marcă sau printr-un intermediar, care poate fi un mic revânzător sau un mare retailer. Aceste alegeri au un impact indirect asupra costurilor de distribuție, care reprezintă o variabilă esențială în cadrul politicii de stabilire a prețurilor. Pe scurt, variabilele sunt interdependente.

LIMITĂRI ȘI EXTINDERI

LIMITĂRI ȘI CRITICI

Gestionarea eficientă a mixului de marketing va crea valoare pentru companie în ochii clienților săi. Prin urmare, cea mai necesară condiție este aceea de a cunoaște ținta și de a defini poziționarea mărcii pe piață. Planificarea strategică constă în gestionarea tuturor acestor date cu ajutorul elementelor mixului de marketing. Stabilirea unui model folosind principiile acestei teorii nu este suficientă dacă nu a fost deja realizat un studiu al pieței țintă.

Cei mai mulți critici ai modelului se referă la cei 4 P, mai degrabă decât la mixul de marketing în sine. Mixul de marketing, în definiția sa largă, constă în "instrumentele operaționale de marketing" care permit companiilor să își vizeze piața și să obțină beneficiile așteptate (Kotler et al, 2009: 29). Este dificil să se critice cu adevărat mixul de marketing în sine; mai des, criticile vizează modul de abordare a acestuia.

Autorii care au criticat cei 4 Ps sugerează, de obicei, că acest sistem de clasificare ar trebui îmbunătățit. Louis Michel Chevalier și Pierre Dubois, în cartea lor despre marketing, au avansat ideea că cei 4 P nu reflectă marca produsului, care este o legătură între politica de produs și politica de comunicare. În modelul prezentat de McCarthy și preluat ulterior de Kotler, însă, numele mărcii face parte din politica produsului. Michel Chevalier și Pierre Louis Dubois susțin, de asemenea, că, deși mixul de marketing trebuie să ia în considerare simultan cei 4 P, diferitele politici abordate nu sunt aproape niciodată gestionate de aceeași persoană. De fapt, modelul mixului de marketing este prezentat ca un întreg, ceea ce sugerează că o singură persoană sau o singură echipă ia toate deciziile. Cu toate acestea, componentele sale aparțin adesea unor sectoare diferite ale întreprinderii. Astfel, politica de produs poate proveni de la un director general sau de la serviciile de inovare, în timp ce politica de comunicare este gestionată de serviciile de comunicare.

În cele din urmă, trebuie să fim conștienți de faptul că mixul de marketing este doar un instrument general de asistență în luarea deciziilor. Dacă analizăm detaliile fiecărei politici, există alte concepte mai specifice pe care trebuie să le stăpânim. De exemplu, politica de prețuri necesită mai multe cunoștințe despre concepte precum ratele de returnare sau valoarea percepută.

MODELE CONEXE

Cei 7 Ps

Pentru a compensa deficiențele modelului celor 4 P, unii autori recomandă adăugarea de noi componente. Cel mai cunoscut dintre aceste modele este modelul celor 7 Ps (1981), elaborat de Bernard H. Booms și Mary Jo Bitner, care completează cei 4 Ps definiți de McCarthy, adăugând oamenii, procesul și dovezile fizice.

- "Oamenii", așa cum sunt înțeleși de cei 7 P, nu reprezintă clienții companiei, ci personalul care implementează strategiile de marketing. Influența acestora este importantă, deoarece ei sunt în contact cu potențialii clienți. Reputația și imaginea companiei se află în mâinile lor și sunt văzute de ochii lor. "Oamenii" sunt unul dintre puținele elemente din mixul de marketing cu care clienții pot interacționa.

- "Procesul" se referă la modul în care comerciantul oferă un serviciu eficient și adecvat clienților. Aceasta poate include servicii de asistență pentru clienți, consiliere, ore de deschidere sau chiar livrare la domiciliu. Este o modalitate de a construi loialitatea față de marcă.

- "Dovezi fizice" înseamnă componentele fizice ale magazinului, cum ar fi vitrinele sau organizarea rafturilor, pentru produsele tangibile.

Putem critica contribuția conceptuală a acestor trei Ps suplimentari, deoarece ideile pe care le reprezintă pot fi incluse în cei 4 Ps inițiali ai lui McCarthy. "Procesul", în sensul cel mai larg, este legat de conceptul de produs. 'Oamenii' este legat în esență de produs și de promovare. 'Dovada fizică' este înțeleasă, cel puțin în parte, prin promovare.

S

Sunt propuse și alte Ps:

- Philip Kotler, în *Principles of Marketing* (1986), sugerează să se adauge "puterea politică" și "opinia publică";

- Claudio Vignali și B. J. Davies, în "The Marketing Mix Redefined and Mapped: Introducing the MIXMAP Model" (1994), propun între timp adăugarea unui "S" pentru "servicii".

De asemenea, sectoarele adăugate la modelul de bază permit adesea îmbunătățirea mixului de marketing în domeniul serviciilor. Potrivit învățăturilor, acest lucru este valabil și pentru "poziționare", "ambalare", "participare" sau "personalizare", care apar în principal în tehnicile web 2.0 și marketing 2.0.

Cei 4 C

Un model paralel cu cei 4 P, numit cei 4 C, a apărut, de asemenea, pentru a aborda una dintre principalele critici ale modelului lui McCarthy, și anume perspectiva părtinitoare față de comerciant în detrimentul cumpărătorului. Robert F. Lauterborn a construit cei 4 C pornind de la cei 4 P și a prezentat conceptul în *New Marketing Litany: Four Ps Passé, C-Words Take Over* (1990): acestea se concentrează mai mult pe client decât pe produs. Acest model are sens dacă ne gândim că scopul marketingului este de a satisface nevoile clienților.

Cei 4 C sunt:

- Consumator: politica de produs devine soluția oferită consumatorului. Trebuie să le oferim clienților ceea ce caută cu adevărat și, pentru a face acest lucru, trebuie să le studiem comportamentul de cumpărare.

- Costul: politica de prețuri reprezintă costul pentru consumator. În realitate, prețul este doar o parte din costul pe care clientul este dispus să îl plătească. Costul include prețul de achiziție, dar și costul de achiziție, de utilizare și de abandonare a unui produs, precum și costul accesoriilor produsului.

- Comunicare: este vorba acum de comunicarea pură, care este mai cooperantă și tinde să creeze un dialog între companie și potențialul client. Scopul este ca comunicarea să nu provină doar de la companie, ci și din contactul cu clienții.

- comoditate: în loc să stabilească strategii de distri-buție, comerciantul se pune în locul clientului pentru a înțelege care sunt facilitățile de acces care îi permit să achiziționeze produsul. Odată cu apariția și succe-sul internetului, luarea în considerare a acestui ele-ment a devenit din ce în ce mai importantă.

APLICAȚIE PRACTICĂ

SFATURI ȘI SFATURI DE TOP

Mixul de marketing poate ajuta la luarea deciziilor ca parte a unei noi oferte pe piață sau la testarea unei oferte existente. Este de la sine înțeles că trebuie să identificăm mai întâi obiectul care urmează să fie analizat, fie că este vorba de un produs, de un serviciu sau de o marcă, de exemplu.

Înainte de a construi sau de a analiza strategia de marketing bazată pe cei 4 P sau pe un model conex, compania trebuie să își definească piața țintă. Pentru a face acest lucru, trebuie să realizeze un studiu de piață, care îi va permite să înțeleagă mai bine așteptările consumatorilor și să se poziționeze în consecință.

În plus, este necesar să se efectueze o analiză internă și externă a întreprinderii pentru a determina segmentarea pieței (împărțirea pieței în grupuri omogene de consumatori pe baza nevoilor, caracteristicilor sau comportamentelor acestora).

Compania urmărește apoi unul sau mai multe segmente de piață și alege o țintă de marketing (segmente selectate în funcție de interesul strategic pe care îl reprezintă pentru companie).

Odată stabilită ținta, aceasta își poate defini poziționarea, adică își poate plasa produsul printre concurenți.

Observați aici că consumatorii sunt în centrul abordării de marketing. Din acest motiv, modelul celor 4 C este adesea preferat celor 4 P, chiar dacă variabilele de aici sunt pur și simplu discutate dintr-un alt unghi.

Pentru a-și stabili strategia mixului de marketing, compania trebuie să răspundă apoi la o serie de întrebări pentru fiecare componentă a modelului.

Determinați atributele produsului/serviciului

Primul pas constă în determinarea atributelor produsului sau serviciului. Pentru a face acest lucru, trebuie să ne punem următoarele întrebări:

- Ce așteaptă consumatorul de la produsul sau serviciul respectiv?

- Care sunt atributele necesare ale produsului pentru a satisface aceste așteptări?

- Cum și în ce context va utiliza clientul produsul?

- Cum arată produsul? Această întrebare include aspectul produsului în sine, dar și ambalajul acestuia.

- Care este numele și brandingul care ar trebui să fie dat produsului?

- În ce fel se deosebește produsul de cel al concurenților săi?

- Care este prețul de cost maxim pentru ca vânzarea acestuia să rămână profitabilă?

În această primă etapă, întrebările referitoare la produs sunt similare cu cele care trebuie adresate atunci când se analizează politica de prețuri.

Determinarea politicii de stabilire a prețurilor

Prețul poate fi stabilit în funcție de costuri sau de valoarea percepută a produsului. Oricare ar fi abordarea aleasă, aceasta trebuie să poată răspunde la următoarele întrebări:

- Care este valoarea produsului pentru consumator?

- Acest produs are un preț de bază? Unde este poziționat în raport cu concurenții săi?

- Produsul are o elasticitate mare a prețului? Pot fi reduse prețurile pentru a crește cota de piață? Pe de altă parte, creșterea prețului ar genera mai multe profituri?

Determinarea mijloacelor de comunicare

În ceea ce privește comunicarea, nu este vorba doar de alegerea unei abordări. Instrumentele de care dispun agenții de marketing sunt atât de numeroase, încât un departament special dedicat comunicării este adesea însărcinat să găsească cea mai bună modalitate de a ajunge la publicul țintă, odată ce acesta a fost identificat. Este esențial să se cunoască ținta și reacția dorită înainte de a stabili o strategie, pentru a alege mijloacele de comunicare adecvate. Cea mai mare parte a cheltuielilor pentru comunicare este dedicată publicității. Aceasta poate implica campanii care utilizează:

- presă (generală sau de specialitate)
- afişează
- TV
- radio
- cinema
- comunicarea prin internet.

Nu uitați că, chiar dacă promovarea vânzărilor este legată de politica de prețuri (mostre, prime, concursuri, cupoane etc.), aceasta este tot o acțiune de comunicare.

Putem completa lista anterioară cu alte instrumente, cum ar fi:

- relații publice
- marketingul direct şi interactiv (folosind personalizarea şi interactivitatea)
- marketing viral (practicat adesea pe internet)
- vânzarea (care implică un schimb interpersonal între marcă şi client).

De asemenea, este util să vă puneți următoarele întrebări:

- Care sunt cele mai eficiente modalități de a ajunge la publicul țintă?

- Când este cel mai bun moment pentru a începe promovarea? Este piața pe care activez sezonieră?

- Ce activități de comunicare sunt folosite de concurenți? Influențează ele alegerea acțiunilor?

Determinarea locurilor de distribuție

Pentru "loc", strategia de distribuție trebuie să fie stabilită în conformitate cu celelalte componente ale mixului de marketing. Poziționarea produsului/serviciului aleasă în prealabil influențează în mod inevitabil decizia privind modul de distribuție.

"Promovarea" și "locul" interacționează, de asemenea, în cazul în care întreprinderea alege să adopte o strategie de promovare (bazată pe forța de vânzare și pe rețeaua de distribuție) sau o strategie de atragere (bazată pe comunicarea către consumator și, în special, pe publicitate) în politica sa de distribuție.

 **BINE DE ȘTIUT: STRATEGII DE ÎMPINGERE ȘI DE TRAGERE**

Strategia de distribuție "push" este concepută pentru a aduce produsul la client. Compania își folosește forța de vânzare și politica de distribuție pentru a încuraja clientul să aleagă produsul său. Cumpărarea din impuls este un bun exemplu în acest sens.

Pe de altă parte, strategia de atragere implică atragerea clienților către produs. Aceasta utilizează în general comunicarea și publicitatea pentru a încuraja clientul să dorească produsul.

Produsul în sine va influența, de asemenea, alegerile: este o achiziție de rutină sau una specială? Este o marfă sau un produs de lux? Toate variabilele definite anterior intră în discuție, deoarece ele însele sunt influențate de politica de distribuție. De exemplu, dezvoltarea propriei rețele de distribuție va influența prețul și comunicarea. Marketerul trebuie totuși să fie capabil să răspundă la o serie de întrebări:

- Unde se duc potențialii clienți pentru a cumpăra produsul?

- Clienții vor cumpăra mai ușor acest produs într-un magazin generalist, într-un magazin specializat, online sau chiar prin poștă?

- Este sistemul de distribuție ales ușor accesibil pentru oaspeți?

- Este necesară gestionarea unei forțe de vânzări?

- Ce fac concurenții? Cum poate fi adaptat sau diferențiat modelul?

STUDII DE CAZ

În acest studiu de caz, prezentăm două companii care s-au bazat pe strategia mixului de marketing a lui McCarthy. Primul caz, dedicat lanțului de magazine german Aldi, este preluat din *The Times 100, Business Case Studies* și arată cum, într-o industrie foarte competitivă, un produs care nu este neapărat inovator poate să se impună și să creeze valoare printr-o strategie eficientă a celorlalte elemente ale mixului de marketing.

Al doilea caz provine dintr-o conversație între Alain Afflelou, Stephen Gless și Dominique Lichel (*L'Entreprise*, octombrie 2006) și dintr-un articol al lui Baptise Diebold (2006). Această analiză scoate în evidență puternica strategie de marketing creată de Afflelou, care inovează în fiecare domeniu al mixului de marketing.

Aldi – crearea de valoare prin mixul de marketing

De la înființarea sa în 1913, Aldi a reușit să se impună ca unul dintre cei mai mari comercianți cu amănuntul din Europa. Scopul său inițial a fost acela de a oferi clienți-lor produse pe care le cumpără în mod regulat, vândute sub marca proprie Aldi, la prețuri competitive. În strate-gia de marketing a acestei companii, diferitele ele-mente ale mixului de marketing sunt toate aliniate. Inovarea nu se face prin produs, ci prin modul în care cei 4 P sunt structurați pentru a crea o adevărată stra-tegie de marketing mix.

Aldi încearcă să ofere o mare varietate de produse de calitate standard, vândute sub marca proprie. Primul "P" din centrul strategiei lor corporative este "prețul". Pentru a oferi produse mai ieftine decât concurenții săi, întreprinderea își bazează politica pe optimizarea cos-turilor și adaptează celelalte politici "P" pentru a se potrivi acestui obiectiv.

Produsele sunt cumpărate în cantități mari și se cheltuiesc puțini bani pentru a le aranja (ambalaj, marcă etc.).

La nivelul distribuției, compania încearcă din nou să reducă costurile prin limitarea rafturilor și a expunerilor la punctele de vânzare. În ceea ce privește amplasarea magazinelor sale, sunt luate în considerare patru criterii:

* numărul de persoane care vizitează sau locuiesc în zonă;

* concurență scăzută: Aldi se află, în general, în afara centrelor orașelor și în locuri cu o bună vizibilitate de pe drumul principal, cu o concurență minimă în jur;

* accesibilitatea magazinului, inclusiv prin intermediul transportului public;

* un număr suficient de locuri de parcare.

Comunicarea companiei se concentrează pe fidelizarea clienților și consolidează mesajul politicilor de preț și de produs: Produsele Aldi sunt de aceeași calitate cu cele ale marilor mărci, dar mai ieftine. Astfel, în magazine sunt distribuite broșuri promoționale pentru a-i încuraja pe clienți să revină. În afară de mass-media, compania se concentrează, de asemenea, pe relații publice, pe listele de distribuție, pe gestionarea rețelelor sociale și pe acțiunile care pun în evidență produsele sale printr-o sursă externă a afacerii. Pentru a face acest lucru, Aldi participă la numeroase concursuri anuale de produse. Câștigarea acestor concursuri îi permite să își sporească vizibilitatea, dar și credibilitatea, deoarece o terță parte neutră a desemnat produsele lor drept cele mai bune.

Aldi are o abordare detaliată a vânzărilor care îi conferă un avantaj pe o piață foarte competitivă. Echilibrul obținut prin mixul de marketing îi permite să ofere produse de bună calitate la cele mai mici prețuri posibile. Politica sa de comunicare îi permite să îmbunătățească imaginea produselor sale, punând în același timp accentul pe prețurile acestora. În sfârșit, politica sa de poziționare îi permite să nu fie nevoită să crească costurile de distribuție. Nu pare să se fi făcut nicio inovație majoră în materie de preț, produs, loc sau promovare, dar echilibrul dintre aceste patru politici a permis companiei Aldi să își găsească locul pe piață.

Afflelou – un succes bazat pe inovație în diferitele elemente ale mixului

Alain Afflelou a deschis primul său magazin în 1970, în Bordeaux. Până în 1984, lanțul avea deja aproape 100 de francize. În 2012, marca avea 722 de magazine în Franța și peste 1000 în total. Acest succes se datorează faptului că marca a reușit să inoveze în fiecare dintre domeniile mixului de marketing.

- Produs: Afflelou a oferit întotdeauna inovații în materie de ochelari și lentile de contact, de exemplu, ochelari practic indestructibili. Pentru clienții de peste patruzeci de ani, marca a lansat "Forty", un pachet de patru ochelari care le permite să vadă de aproape.

Aceste produse nu par revoluționare, însă marca a fost prima care le-a oferit.

- Preț: Afflelou a fost primul brand care a propus ochelari la preț de chilipir, inclusiv promoția "Chin-Chin", oferind o a doua pereche pentru un euro în plus. Relația preț-produs ar fi fost deja suficientă, dar strategia completă a mixului de marketing a asigurat companiei o poziție cu adevărat dominantă pe piață.

- Locul: marca a inovat și în domeniul distribuției. De fapt, are propria rețea de distribuție, dar magazinele sale au fost, de asemenea, primele care au avut afișaje cu ramă de acces deschis.

- Promovarea (comunicare): marca alocă o parte importantă din bugetul său departamentului însărcinat cu promovarea – care este cu siguranță unul dintre cele mai mari din acest sector – și recurge la sponsorizări (partener al turneului de tenis French Open și al clubului de fotbal Paris Saint-Germain).

Compania Afflelou a pus la punct o strategie inovatoare în fiecare element al mixului de marketing, asigurând în același timp coerența între ele.

Concluzie

Cazurile Aldi și Afflelou sunt foarte diferite. Pentru Aldi, succesul strategiei depinde de coerența dintre cele patru politici. În cazul Afflelou, succesul provine din inovarea în fiecare domeniu al mixului de marketing. Dincolo de faptul că mixul de marketing oferă unei companii instrumentele necesare pentru a-și atinge obiectivele, modelul îi împinge, de asemenea, pe cei care se ocupă de marketing să se gândească la strategia lor de marketing ca la un întreg.

REZUMAT

- Mixul de marketing oferă comercianților un set de instrumente care le va permite să ia decizii în legătură cu piața definită.

- Obiectiv: mixul de marketing este utilizat pentru a lansa un nou produs pe piață sau pentru a testa o strategie de marketing existentă.

- Cei 4 P: propus de McCarthy în 1960, acest model include instrumentele mixului de marketing în patru categorii: produs, preț, loc (distribuție) și promovare (comunicare).

- Teoreticieni: Neil Borden a introdus conceptul de mix de marketing (1948), iar McCarthy a dezvoltat conceptul celor 4 P (1960).

- Context: mixul de marketing a apărut în contextul creșterii consumului de masă.

- Componente: produs, preț, loc, promovare.

- Avantaje: mixul de marketing sintetizează în mod clar toate instrumentele de care dispun agenții de marketing pentru luarea deciziilor.

- Limite: mixul de marketing este o abordare cuprinzătoare a strategiei de marketing, dar este necesar să se utilizeze și alte instrumente atunci când se lucrează la o strategie în profunzime. Deciziile referitoare la diferitele politici sunt adesea rezultatul mai multor persoane sau servicii, ceea ce face dificilă menţinerea coerenţei între cei 4 P.

- Extinderi: se adaugă adesea trei P (oameni, procese şi dovezi fizice) pentru a completa cei patru P ai modelului lui McCarthy. Cei 4 C (consumator, cost, comunicare, comoditate) reprezintă o altă variantă a conceptului, concentrându-se mai mult pe client.

- Sfat: înainte de a lua decizii cu privire la cei 4 P, compania trebuie să se asigure că ştie care este piaţa ţintă pe care doreşte să se poziţioneze.

LECTURI SUPLIMENTARE

BIBLIOGRAFIE

Site-ul lui Alain Afflelou: http://www.alainafflelou.fr/

Armstrong, G. și Kotler, P. (2007) *Principes de marketing.* [ediția [a 8-a]]. Paris: Pearson Education.

Booms, B. H. și Bitner, M. J. (1981) Marketing Strategies and Organisation Structure for Service Firms. În Donnelly, J. și George, W. R. *Marketing of Services.* Chicago: American Marketing Association. pp. 47-51.

Borden, N. H. (1964) Conceptul de mix de marketing. *Journal of Advertising Research.*

Studii de caz de afaceri. (Fără dată) Crearea de valoare prin mixul de marketing, un studiu de caz Aldi. *The Times 100 Case Studies.* [*Online*]. [*Accesat la* 22 mai 2014]. Disponibil la: < http://businesscasestudies.co.uk/aldi/creating-value-through-the-marketing-mix/introduction.html#a-xzz4S2tz9DPH>.

Byrne, K. (2004) Managing your marketing mix. *Revista Chartered Accountants Journal.*

Chevalier, M. și Dubois, P. L. (2009) *Les 100 mots du marketing.* Paris: PUF.

Demonstrații. (2012) *Le marketing mix sau mix marketing, de la strategie la operațional.* Paris: Demos.

Diebold, B. (2006) Afflelou entrevoit la vie sans Alain. *Challenges.* Volumul 29.

Faris, P. şi Reibstein, D. (1979) How Prices, Expenditures and Profits are Linked. *Harvard Business Review*. [număr din noiembrie/decembrie]. pp. 173-184.

Kotler, P. (1986) *Principii de marketing*. [ediţia a 3-a]. Upper Saddle River (New Jersey): Prentice Hall.

Kotler, P., Keller, K., Manceau, D. şi Dubois, B. (2009) *Marketing Management*. [ediţia a 13-a]. Paris: Pearson Education.

Lauterborn, R. F. (1990) New Marketing Litany: Patru Ps trecuţi, cuvintele C preiau controlul. *Advertisng Age*. 61(41).

Magrath, A. J. (1986) When Marketing Services, 4Ps are not Enough. *Business Horizons*. 29(3), pp. 45-50.

Maillet, T. (2010) *Le Marketing et son histoire ou le Mythe de Sisyphe réinventé*. Paris: Pocket.

McCarthy, J. E. (1960) *Basic Marketing : A Managerial Approach*. Homewood (Illinois): R.D. Irwin.

Pariot, Y. (2011) *Les Outils du marketing stratégique et opérationnel*. [ediţia a 2-a]. Paris: Eyrolles.

Van den Bulte, C. şi van Waterschoot, W. (1992) The 4 P Classification of the Marketing Mix Revisited. *Journal of Marketing*. pp. 83-93.

Editorul asigură fiabilitatea informațiilor publicate,
care nu ar putea însă angaja răspunderea sa.

Master ISBN: 9782808600897
Hârtie ISBN: 9782808602341
Depozit legal: D/2022/12603/235

Design digital: Primento,
partenerul digital al editurilor.